AF223554

LB 55. 434.

LA
RÉFORME ADMINISTRATIVE

ET LES

TÉLÉGRAPHES ÉLECTRIQUES.

IMPRIMERIE DE E. MARC-AUREL
Rue Richer, 20.

LA

RÉFORME ADMINISTRATIVE

ET

LES TÉLÉGRAPHES
ÉLECTRIQUES.

TROIS LETTRES AU RÉDACTEUR EN CHEF DE LA PRESSE

PAR

ARISTIDE DUMONT,

Ancien élève de l'École Polytechnique, Ingénieur des Ponts-et-Chaussées,
Membre de la Commission des Travaux publics dans leurs rapports
avec l'Agriculture ; de la Société de statistique de la Drôme,
chevalier de la Légion-d'Honneur.

BIBLIOTHÈQUE NATIONALE IMPRIMÉS. R.F.

*Au milieu d'une société calme améliorer
patiemment par l'instruction, par la moralité, par le bien-être matériel, le sort
de tous ceux qui souffrent, de tous ceux qui
ont froid et faim. Voilà tout le problème
politique. Page 48.*

PARIS

LIBRAIRIE D'ÉCONOMIE SOCIALE ET CHARITABLE
DE E. MARC-AUREL, IMPRIMEUR,
Rue Richer, 20.

1849

TABLE.

a gaspillé la fortune de la France (près de six milliards) en d'inutiles armements, négligé l'instruction des masses, transformé la France en un peuple de solliciteurs et de fonctionnaires;

C'est le seul moyen de sauver la République, de sanctionner la Constitution, de ramener le calme, la confiance et le crédit.

Que tous les hommes consciencieux s'associent et se concertent; que, dans ce but, ils forment une grande ligue pacifiquement révolutionnaire. Le plus bel usage de la liberté politique au sein d'une démocratie, n'est-elle pas de passionner, de remuer les masses dans l'intérêt d'idées justes, pratiques et généreuses?

LA
RÉFORME ADMINISTRATIVE

ET LES

TÉLÉGRAPHES ÉLECTRIQUES.

PREMIÈRE LETTRE.

La Routine politique.

A Monsieur le Rédacteur en chef de la Presse.

Monsieur,

« Dans la Note remise par vous, le 14 décembre dernier, au Président de la République, note pleine d'idées neuves et profondes, toutes capables de retirer le char de l'État de l'ornière dans laquelle il s'enfonce chaque jour, je remarque le passage suivant :

« Autour de nous tout change, tout se sim-
» plifie, tout se perfectionne; seules, la politi-

1*

» que et l'administration ne se perfectionnent

» pas, ne se simplifient pas, ne se changent

» pas, et l'on s'étonne que les gouvernements

» tombent ; ce qui serait étonnant, ce serait

» qu'immobiles quand tout est en mouve-

» ment, en retard quand tout est en progrès

» ils ne tombassent pas. On croit qu'il suffit

» de changer les hommes sans changer les

» choses. Erreur ! Quand on ne doit pas chan-

» ger les choses, il vaut mieux ne pas changer

» les hommes. »

» Ou je me trompe fort, ou cette pensée ex-
plique la chute de la plupart des gouvernements qui se sont succédés en France depuis
soixante ans.

» Tout pouvoir qui ne sait prendre en main
les rênes du progrès, qui ne s'approprie les
idées bonnes et neuves à mesure qu'elles
naissent, qui ne cherche sans relâche à faire
descendre ces idées même de la sphère calme

des théories dans le monde pratique, est un pouvoir perdu, et dont on peut prédire d'avance la chute, qu'elles que soient d'ailleurs les sympathies qui le saluent à son origine. Des idées! des idées! voilà ce qu'il faut au pays Que lui importe de misérables personnalités, de ridicules ambitions, de stériles vanités!

» Juger les hommes, non point sur des préventions de partis, sur des rancunes personnelles, mais sur les idées dont ils savent prendre l'initiative; rechercher, réchauffer, encourager toutes les jeunes intelligences impatientes d'activité, désireuses de se dévouer à un noble but, tel est un des plus grands devoirs d'un pouvoir nouveau, d'un pouvoir vraiment républicain.

» Cela est vrai! tout se change, tout se modifie autour de nous, dans le monde matériel comme dans le monde moral : il n'y a que cette vieille machine gouvernementale qui ne change pas. On gouverne, on administre avec les mêmes idées, les mêmes ressorts qu'ils y a trente ans.

» L'industrie réalise des prodiges, l'association prend peu à peu possession du monde industriel ; des idées, des sentiments seulement accessibles autrefois à un petit nombre d'hommes, se popularisent d'heure en heure ; de merveilleuses voies de communication couvrant le sol suppriment les distances ; un admirable instrument, le télégraphe électrique, peut désormais faire circuler la pensée gouvernementale, au même instant, sur toute la surface du pays. Qu'importe ! la routine administrative reste seule immobile au milieu de tout ce mouvement, nulle pensée supérieure et générale, nulle règle logique ne président à l'expédition des affaires. On ne songe de temps à autre, qu'à des améliorations de dé-

tail soumises le plus souvent à des considéra-
tions personnelles ; en un mot, on administre
la France de 1848 comme la France de 1830,
et cependant, il y a entr'elles la même diffé-
rence qu'entre la France de 1750 et celle de
1820.

» De cette impuissance, de cette ignorance,
de cette répulsion pour les idées neuves, de
cette honteuse subordination du pouvoir à la
routine bureaucratique, de cette sainte horreur
qu'inspirent à tous les chefs d'administration
les hommes d'idée et d'initiative, il résulte :

» Premièrement, qu'à un jour donné, les
masses, poussées par des besoins nouveaux,
inconnus, renversent ces gouvernements éphé-
mères qui s'obstinent à regarder en arrière.
Secondement, que la société est tourmentée
par deux classes d'hommes également impuis-
sants, également dangereux, les réactionnai-
res et les utopistes. Les uns veulent arrêter le

char, les autres le lancer dans l'espace avec une incomparable vitesse. Je cherche en vain les mains puissantes, qui doivent le guider dans sa marche uniforme et régulière.

» A l'appui de ces idées que vous avez épousées l'un des premiers, développées et popularisées avec un merveilleux talent et une infatigable activité, il me serait facile d'invoquer une foule de preuves, je ne veux m'arrêter ici qu'à un seul exemple : c'est celui que nous fournit le télégraphe électrique.

» Depuis bientôt dix années qu'il est question de cet admirable instrument de communication intellectuelle, les gouvernements divers ont-ils compris en France tout le parti qu'ils pouvaient en tirer pour simplifier les rouages administratifs, perfectionner la centralisation, permettre dans les relations privées et les transactions commerciales, cette vitesse, cette facilité qui les multiplie? Nullement, la télégraphie électrique a été méconnue par l'ignorance routinière des bureaux, dédaignée comme un fait secondaire par nos hommes d'Etat. Cependant, on peut le dire sans exagération, elle renferme en ses flancs tout un monde nouveau.

» Si l'on suppose en effet que le réseau de nos chemins de fer étant à peu près terminé, chaque chef-lieu de département communique instantanément avec Paris, à l'aide d'un système de télégraphes électriques, venant tous aboutir au siége du gouvernement exécutif ; que cette organisation soit, non pas mesquine et incomplète comme celle qui a présidé à l'établissement des quelques lignes que nous possédons, mais au contraire calquée sur l'organisation de la compagnie anglaise qui couvre en ce moment l'Angleterre et l'Ecosse de lignes télégraphiques ; le gouvernement peut alors, dans l'intervalle d'un quart d'heure, expédier un ordre à Bordeaux, à Lyon, à Bayonne, à Marseille, à Strasbourg, et recevoir la réponse. A chaque heure il sait ce qui se passe dans tous les chefs-lieux de préfecture. Une émeute éclate-t-elle ! Il peut en suivre les phases, aider de ses conseils ses agens divers. Une affaire pressée se présente-t-elle ! Elle peut être expédiée sur-le-champ. En un mot, l'unité gouvernementale est arrivée à son dernier degré de puissance, la centralisation a désormais conquis l'instrument qui doit la vivifier, la régénérer, et lui donner l'impulsion sans laquelle, selon vos expressions « *au lieu de jaillir comme une source elle croupit comme un marais.* »

» La centralisation, la concentration du pouvoir, la division du travail, voilà les grands principes des gouvernements modernes, des sociétés avancées ; mais à la condition que la centralisation sera toujours progressive, organisée d'une manière intelligente avec tous les perfectionnements, toute la vitesse qu'exige l'état nouveau du monde matériel et intellectuel; que le pouvoir concentré en un petit nombre de mains sera l'expression fidèle de la volonté, de la sympathie des majorités, désormais seules puissantes, seules souveraines par le vote universel ; que la division du travail, enfin permettra à chaque intelligence de se développer en pleine liberté, suivant la spécialité de ses aptitudes.

» Quelle misérable et mesquine organisation nous présentent nos ministères d'aujourd'hui. Il est telle grande maison de commerce en Angleterre et même en France, qui par une meilleure division du travail, une répartition plus intelligente des responsabilités diverses, expédie dix fois plus d'affaires avec dix fois moins d'employés. Ici, au contraire, au-dessous d'un ministre sans autorité morale, car il ne sait si son pouvoir durera plus d'un jour, deux ou trois hommes au plus, secrétaire général ou chefs de division supportent tout le fardeau des affaires, exercent le monopole de l'autorité. Ils veulent tout faire, tout absorber, et en réalité ils ne font rien, car l'intelligence la plus exercée ne saurait suffire à l'expédition des montagnes de dossiers qu'ils concentrent autour d'eux.

» Nulle idée n'est bonne, n'est praticable que si elle sort de leur cerveau ; animés d'un esprit impitoyable et routinier d'exclusion, ils semblent prendre à tâche d'éloigner tous les hommes qui, par leur intelligence ou leur activité, pourraient être réellement utiles. Le ministre nouveau, frappé d'abord des inconvénients de cette fatale organisation, veut y porter remède ; mais circonvenu, entouré et gêné surtout dans ses mouvements, s'il n'est pas homme spécial, s'il ne connaît à fond la pratique des rouages administratifs, il se décourage, ajourne, et renversé bientôt par le vent capricieux de la politique, emporte avec lui ses plans de réforme.

» Doit-on s'étonner, après cela, que le déficit fasse tous les jours des progrès nouveaux; que le pays s'épuise en d'inutiles sacrifices; que, fatigué de cette centralisation épuisante, méconnue, parce qu'elle est à l'état barbare, il prête l'oreille à des projets de fédéralisme; qu'avec des impôts écrasants, un budget colossal, rien de grand et de durable ne se fonde; non, non; c'est du contraire qu'il faudrait s'étonner.

» La révolution! mais ce n'est point dans la rue qu'elle se fait; ce n'est point avec de grands mots, vides de sens si on ne s'empresse de leur donner une signification pratique, qu'elle se réalise. Qu'importent, hélas! ces larmes, ce sang versé, ces longues souffrances, ces ruines universelles, ces combats acharnés des ambitions personnelles, ce continuel changement dans les hautes régions politiques, qu'importe tout cela aux masses souffrantes? La révolution! mais elle est encore à faire dans ce monde administratif, dans ces amas de préceptes usés, de précédents bureaucratiques! Et jusqu'au jour où un esprit puissant, dévoué, intelligent y portera enfin la sape et le marteau, le pays s'épuisera en d'inutiles efforts, retombera sur lui-même malade, inquiet, souffrant; les pouvoirs eux-mêmes n'auront qu'une popularité éphémère.

» La bureaucratie a été la grande plaie du dernier règne; elle deviendra le tombeau de la République si l'on n'y prend garde.

» Non, ce n'est point en rognant sur quelques appointements, en faisant quelques mesquines économies de 5 à 6 millions sur un budget de près de 2 milliards, qu'on arrivera à porter un efficace remède à ce déplorable état de choses ; mais bien en s'attachant à des principes supérieurs et nouveaux, en transformant la charrette administrative en une locomotive puissante, en substituant le rail à l'ornière profonde et embourbée, en faisant table rase de tous les obstacles, de toutes les personnalités gênantes, en s'inspirant de ce courage, de cette persistance, de cette force qu'exigent les grandes et salutaires réformes ; en concentrant l'autorité, en divisant le travail, en établissant entre tous les points du pays une communication instantanée, en donnant enfin à cette énorme machine du budget les rouages dont elle a besoin pour fonctionner utilement.

» M'associant étroitement à votre pensée, j'essaierai d'exposer, dans une prochaine

lettre, le rôle dévolu à la télégraphie-électri-
que, dans cette vaste réforme pour la réalisation de laquelle vous avez déployé tant d'efforts et amassé tant de travaux depuis dix ans.

DEUXIÈME LETTRE.

La Réforme administrative et le Socialisme,

» Je n'essaierai pas d'insister plus long-temps sur les vices du système administratif qui nous régit ; les déficits toujours croissans, les plaintes générales qui s'élèvent contre une centralisation épuisante, l'universelle souffrance des populations, et surtout l'impuissance des hommes les mieux intentionnés qui traversent le pouvoir, en disent plus que tous les raisonnements. Ce n'est plus à une critique stérile qu'il faut se livrer désormais,

mais bien à une étude calme et approfondie des remèdes qu'on peut opposer à ce déplorable état de choses.

» Étrange époque que la nôtre! sans cesse ballotée entre la routine et l'eutopie! Ici des conservateurs-*bornes*, là des hommes qui veulent tout renverser pour tout reconstruire. Cependant, les sociétés humaines n'aiment pas plus le calme plat que les tempêtes révolutionnaires. Il leur faut sans cesse des idées neuves, puissantes, fécondes, capables de les vivifier, de les rajeunir, de ces idées qui, ayant avec le passé une liaison naturelle, ne posent jamais le problème social sur le terrain des chimères.

» Je vois d'ici certains socialistes rire de pitié au simple mot de *réforme administrative*. Il faut bien autre chose, disent-ils, à cette société malade épuisée, éteinte, qui est à la veille de se dissoudre dans une liquidation générale ; où l'état intime de la propriété, du crédit, de l'impôt, ont besoin de modifications profondes. Mais ceux qui tiennent ce langage ignorent-ils donc que la constitution d'un pouvoir fort, intelligent, progressif, qu'une grande réforme administrative sont les seuls moyens de développer tous les éléments de vitalité, toutes les idées nouvelles, et pour eux-mêmes l'unique espoir de voir essayer leur système ?

» Les pouvoirs forts n'ont jamais peur de la liberté, de la nouveauté ; eux seuls peuvent dire aux socialistes : essayez ! nous vous jugerons à l'œuvre.

» L'expérience ! telle est la pierre de touche de toutes les doctrines qui travaillent la société. De deux choses l'une, en effet : ou ces doctrines doivent régénérer le monde, et alors c'est en vain que vous lutterez contre elles ; un peu plus tôt ou un peu plus tard vous

serez submergés, anéantis, à quoi bon enga-
ger une lutte impossible? Ou bien elles ne
sont que des chimères, et dans ce dernier cas
le gouvernement est plus intéressé que personne à ce que les illusions dangereuses qui
égarent les masses perdent le plus tôt possible tout crédit.

» Les seules conditions qu'en pareil cas un
gouvernement éclairé ait le droit d'imposer,
c'est que l'expérience ne détruise pas la liberté; qu'elle se concilie avec la paix publique, qu'elle ne blesse point des intérêts res-
pectables.

» Si le pouvoir était réellement fort, si nous
étions plus mûrs pour la liberté, les doctrines
socialistes, loin de nous étonner loin de nous
alarmer, joueraient dans le monde moral un
rôle analogue à celui que remplissent dans le
monde scientifique ces hypothèses brillantes
qui, quelquefois, ouvrent à l'intelligence hu-

maine des routes ignorées, mais qui le plus
souvent aussi meurent oubliées comme ces
météores qui dans l'obscurité des nuits, ap-
paraisent pour s'évanouir aussitôt.

» C'est la routine seule qui rend l'utopie
redoutable; c'est l'ignorance, c'est l'impuissance des gouvernements qui rejettent les
esprits actifs, progressifs, désireux du nouveau, dans l'incohérence et l'inanité des sys-
tèmes.

» La réforme administrative, ou plutôt la
réforme gouvernementale, telle que vous la
comprenez, sur une large et grande échelle,
est donc (du moins à mon point de vue), la
base de toutes les améliorations sociales. J'a-
jouterai qu'elle est la seule chose pratique,
possible immédiatement. On peut à cet égard
différer de plan ou de système, admettre ou
rejeter tel ou tel détail, mais on doit être
d'accord avec vous sur la nécessité absolue

de modifier profondément ce qui existe, de concentrer l'autorité, de diviser le travail, de substituer à des rouages nsées des ressorts neufs et expéditifs.

» Tous les plans sérieux qui seront proposés à cet égard doivent être étudiés, discutés mûrement. Pour ma part, avant de montrer quel rôle doivent nécessairement jouer dans cette vaste réforme les grandes découvertes modernes qui suppriment les distances et décuplent la valeur du temps, il est indispensable que je rappelle ici les idées principales que vous indiquez dans la Note du 14 décembre dernier.

» Substituer dans l'exercice du pouvoir l'autorité à l'anarchie, la concentration à la division, la force au morcellement et à la faiblesse ; diviser le travail pour le rendre plus facile, plus expéditif, plus utile : tels sont vos principes. Pratiquement, vous les formulez, si je ne me trompe, de la manière suivante :

» Le nombre des ministres est réduit à trois, savoir : le ministre dirigeant, le ministre des recettes, le ministre des dépenses.

» Le ministre dirigeant a dans ses attributions les directions générales des relations extérieures, de la police, des télégraphes, de la statistique universelle, des encouragements publics, des plaintes et avis, de la presse, de la librairie et de l'imprimerie nationale.

» Le ministre des recettes : les directions générales des contributions directes et indirectes, de l'enregistrement, du timbre et des domaines, des tabacs, sels et poudres, des postes, des contraventions et amendes, de la dette inscrite, du mouvement des fonds, de la comptabilité, du contentieux des finances.

» Enfin, les attributions du ministre des dépenses se composent : de la direction générale de l'administration de la justice, de la guerre, de la marine, des cultes, de l'instruction publique, de l'administration départementale et communale, des établissements de prévoyance, des établissements de répression et de correction, de la direction générale de la population, de la santé et salubrité publique ; des travaux publics, ponts-et-chaussées et mines, de l'agriculture et des forêts, des manufactures et des fabriques, des douanes, des monuments publics et des beaux-arts.

» Ainsi, pouvoir concentré sur trois têtes ; travail divisé entre un grand nombre d'hommes spéciaux, capables et actifs.

» Entre les trois ministres et les directeurs généraux, vous placez pour la prompte et facile expédition des affaires trois sous-secrétraires d'État et trois secrétaires généraux.

» Les directeurs généraux convoqués, soit en assemblée générale, soit en assemblée partielle, composent un conseil supérieur d'administration publique où s'élaborent tous les projets de lois, toutes les grandes mesures de gouvernement. Ici, tous les membres ont une spécialité diverse, une connaissance profonde de l'administration qu'ils dirigent ; ce ne sont point des hommes purement politiques soumis à tous les caprices des assemblées délibérantes, à toutes les vicissitudes des majorités parlementaires. Il y a dans le sein de cette haute assemblée un président du conseil supérieur de la guerre, de la justice, d'amirauté, de l'instruction publique, de l'agriculture, des manufactures et du commerce. Toutes les nominations promotions, avancements, encouragements et récompenses dans l'armée, la marine, la magistrature, l'enseignement, le clergé, ont lieu conformément aux lois et sur la présentation de ces présidents (1).

(1) Il y aurait peut-être à ajouter à cette liste un président du conseil supérieur des travaux publics,

» Enfin, vous donnez entrée au conseil des ministres, non-seulement à ces présidents des divers conseils supérieurs, mais encore aux trois sous-secrétaires d'État, au vice-président de la République, au président de l'Assemblée nationale au grand chancelier de la Légion-d'Honneur, aux présidents de la Cour de cassation et de la Cour des comptes, au commandant de la garde nationale et au préfet de la Seine, au gouverneur de la Banque de France.

» Considéré d'un point de vue élevé, ce système peut s'analyser de la manière suivante :

Cette administration comprend, en effet, deux corps importants, un personnel nombreux, pour lequel l'avancement a besoin d'être réglé d'après des lois équitables et régulières, D'ailleurs, à l'époque où nous sommes parvenus, et dans une société bien organisée, les travaux publics n'offrent-ils pas autant d'importance que la guerre, la marine, etc. ?

» Il y a dans tout gouvernement trois fonctions principales qui résument et dominent
toutes les autres :

» 1° Une fonction supérieure, morale, qui
consiste à maintenir l'ordre au dedans, à re-
présenter au dehors l'influence du pays, à
observer tout ce qui se dit ou s'imprime, à
s'enquérir de toutes les plaintes, à saisir toutes
les idées fécondes et nouvelles, à avoir l'œil
sans cesse ouvert sur l'ensemble des faits et
des tendances de la société. C'et la mission du
ministre dirigeant. Haute et suprême magistrature, qui exige un esprit calme, un grand
et noble dévoûment, un inaltérable bon sens,
une fermeté soutenue, une science profonde,
une expérience consommée des choses et des
hommes.

» 2° Percevoir et répartir les impôts, sonder
toutes les sources du revenu public, mesurer
avec exactitude les produits de ces filets in-

nombrables qui, par leur réunion, donnent naissance à ce grand fleuve que nous nommons budget; étudier l'influence de telle ou telle taxe sur l'état de l'industrie ou de l'agriculture, sur le sort des populations : c'est le ministère des recettes.

» 3° Employer utilemeut, productivement le produit de ces mêmes impôts; établir entre toutes les dépenses une équitable répartition un juste équilibre; étudier, proposer enfin un budget rationnel, conforme à l'état de la société, où la dépense improductive ne soit pas décuple de la dépense utile; rogner, changer, modifier, non point d'imperceptibles détails, de misérables minuties, mais les grandes masses, les grandes divisions : telle est la mission principale du ministre des dépenses.

» En un mot, administrer, observer à un point de vue moral et supérieur; percevoir les impôts, les dépenser utilement, voilà tout le mécanisme gouvernemental.

» Si l'on résume sur trois têtes ces trois fonctions, on peut arriver à l'harmonie, à l'équilibre des recettes et des dépenses ; il est possible de pondérer alors dans une seule pensée tout le rouage administratif, tandis que si l'on reste dans la division actuelle, on ne peut sortir du déficit et de l'anarchie.

» L'histoire le prouve surabondamment.

» L'administration n'a été vraiment forte, glorieuse, puissante, progressive, qu'aux époques où cette unité a existé de fait.

» C'est le secret de toutes les grandes choses qui se sont accomplies sous le règne de Louis XIV, par Colbert et Louvois. L'initiative descendait alors du pouvoir aux citoyens, au lieu de remonter des citoyens au pouvoir. Epoque pleine de grandeur, où quelques hommes, animés d'un amour profond, d'un zèle inaltérable pour le bien, sondaient, développaient toutes les sources de la fortune publique. Pour mon compte, je ne connais pas d'histoire plus instructive, plus attachante, plus féconde en enseignements que celle de ce temps.

» Eh quoi ! une œuvre que le pouvoir absolu a pu accomplir avec gloire, serait inabordable aux gouvernements démocratiques? L'ordre dans les finances, l'harmonie dans le pouvoir, l'unité des vues, la persistance des grandes pensées seraient-elles donc inconciliables avec le suffrage universel et le règne des majorités parlementaires?

» J'ai trop de foi dans le progrès, trop d'amour pour ces horizons nouveaux de la démocratie moderne, pour me laisser dominer par cette crainte.

» Je dirai avec vous : Ce ne sont point les hommes qui manquent, mais ce sont les institutions qui pèchent. Un homme supérieur, noyé dans un de nos cabinets actuels, borné à un seul ministère, absorbé de sollicitations, écrasé de détails, que peut-il faire? Rien! à moins qu'il meure à la tâche, qu'il succombe comme Casimir Périer, après une lutte impossible.

» Ce qui accuse le système administratif actuel, ce qui le condamne sans retour, c'est l'impuissance du dernier règne. En dix-huit ans, avec un énorme budget, une paix profonde, des majorités bien assises, on n'a pas entamé les améliorations que Colbert réalisait dans l'espace de quelques mois.

» Je ne vois pas que la République ait encore rien changé à ce système, si ce n'est que depuis le 24 février la bureaucratie est peut-être plus lente, plus étouffante, plus arriérée que jamais.

» Mais je me hâte d'arriver à l'objection faite par quelques personnes au système de la Note du 14 décembre, objection qui se présente tout d'abord à l'esprit de ceux qui n'ont pas suffisamment réfléchi sur cet important sujet, et qui consiste à présenter chacune des trois fonctions dont je parlais tout à l'heure comme trop importrate, trop compliquée pour être remplie par un seul homme. Pour répondre à cette objection, il suffit de montrer les conditions matérielles dans lesquelles le nouveau mécanisme gouvernemental devrait être placé, pour fonctionner avec autant de facilité que de promptitude : ce sera décidément le sujet d'une troisième lettre. »

TROISIÈME LETTRE.

La Politique de l'Avenir.

« Transformer la charrette administrative en une locomotive puissante;

» Concentrer l'autorité en divisant le travail;

» Appliquer à la machine gouvernementale les perfectionnements de la science et de l'industrie;

» Faire de la politique, qui n'est aujour-d'hui qu'un stérile combat entre les vanités, les ambitions personnelles des hommes de *la veille* ou *du lendemain*, une science expérimentale :

» Tels seraient le résultat, le but, les principes de la réforme.

» Cette réforme réalisée, trois ministres gouverneront avec plus de facilité et de promptitude que les neuf ministres actuels.

» Il suffira de peu de mots pour le prouver.

» Je suppose d'abord qu'on débuterait par un remaniement complet et intelligent de la centralisation.

» Conserver, perfectionner la centralisation politique;

» Simplifier, réduire la centralisation administrative;

» Débarrasser le pouvoir central de cette multitude de petites affaires qui, pouvant être étudiées et résolues par les conseils généraux ou les préfets, encombrent inutilement les cartons des ministères et du conseil d'Etat.

» C'est là une nécessité si généralement

reconnue qu'il est inutile d'insister sur ce point.

» Cette première réforme serait déjà un grand progrès ; elle simplifierait, elle faciliterait singulièrement l'exercice du pouvoir.

» Si l'on suppose maintenant qu'à nos ministères répartis au hasard sur divers points de Paris, sans liens communs, sans communications faciles, on substitue un bâtiment unique et vaste, comprenant :

» Au centre, le siége du gouvernement exécutif, l'habitation des trois ministres ;

» A droite, toutes les directions générales qui dépendent du ministère des recettes ;

» A gauche, toutes celles du ministère des dépenses ;

» En face, l'Assemblée, l'imprimerie nationale.

» Que de ce point partent des lignes de télégraphes électriques qui mettent à chaque instant, la nuit comme le jour, le siége du gouvernement exécutif en communication instantanée avec tous les chefs-lieux de département, les centres importants de population ; que cet immense édifice soit savamment, scientifiquement ordonné pour la facilité, la rapidité du service.

» Voici ce qui résulterait de cette organisation matérielle, combinée avec une sage division du travail.

» Du fond de son cabinet, le ministre dirigeant peut communiquer avec tous les préfets, avec ses deux collègues, avec les directeurs généraux qui l'entourent.

» Ces derniers se réunissent sans déplacement, sans perte de temps, pour résoudre, expédier cette multitude d'affaires qui, dépendant de plusieurs ministères, sont à peu près insolubles dans l'état actuel des choses, et dépensent plusieurs mois pour franchir l'espace qui sépare les rues de Grenelle et Saint-Dominique-Saint-Germain. La rivalité mesquine, subalterne et souvent passionnée qui divise aujourd'hui les bureaux n'existe plus. Les trois ministres abandonnant aux directeurs généraux l'expédition des affaires secondaires, la discussion dans le sein de l'Assemblée nationale des projets de lois qui n'ont point une suprême importance ; débarrassés des solliciteurs par les règlements qui président désormais à l'avancement dans toutes les carrières ; les trois ministres, dis-je, libres de leur temps, ayant sans cesse sous la main tous les éléments d'information, peuvent appliquer toute l'activité de leur intelligence, toute l'ardeur de leur zèle aux questions, aux vues d'ensemble, seules dignes de l'homme d'Etat.

» J'ai souvent entendu un ministre d'une haute capacité, d'un esprit éminemment gé-

néreux et progressif, se plaindre de l'impos-
sibilité, de la contrainte morale dans lesquelles le plaçait une vicieuse organisation.
Après les visites des solliciteurs, les courses
multipliées d'un ministère à l'autre, les si-
gnatures insignifiantes, les débats si souvent
oiseux ou inutiles des assemblées, les récep-
tions officielles, où trouver le temps, où
puiser l'énergie des travaux sérieux, des
études profondes, des projets mûris?

» Non, non, ce ne sont pas les hommes
qui manquent, ce sont les institutions qui
péchent.

» Qu'on ne m'accuse pas ici d'abaisser
l'exercice du pouvoir au niveau d'une question d'architecture, d'aménagement intérieur.
Sans doute, le problème ne sera pas résolu
par cela même qu'on aura substitué un ordre
matériel à l'anarchie actuelle; mais au moins
on placera les hommes de gouvernement dans

la possibilité de travailler utilement, sérieusement; de réfléchir, de s'entendre, d'harmoniser leurs pensées et leurs projets. L'ordre intellectuel et moral est plus entièrement lié qu'on ne le pense communément à l'ordre matériel. Combien d'hommes ne doivent leur supériorité qu'à une dépense plus intelligente de leur temps! Sans doute, l'âme, le cœur résident dans des régions suprêmes; mais ces admirables instruments, que deviennent-ils quand ils ne sont point secondés par une hygiène sévère qui assure la santé du corps?

» Or, c'est l'hygiène gouvernementale que nous demandons.

» C'est une organisation matérielle qui serait à la politique ce que la vapeur a été à l'industrie que nous réclamons.

» L'être moral qu'on nomme le pouvoir a jusqu'ici beaucoup trop ressemblé à un prodigue, insoucieux du temps présent et de l'avenir, vivant au jour le jour, uniquement préoccupé du soin de s'assurer une existence éphémère, ne s'attachant qu'aux questions qui avaient le privilége d'exciter puissamment ses passions impétueuses; questions irritantes de partis et de personnes, ambitieusement nommées *questions politiques.* Comme si la politique pouvait exister sans idée, comme si elle ne devait pas modeler sans cesse les progrès de la machine gouvernementale sur ceux de l'industrie et de la science!

» Il faut donc que tous les hommes qui briguent le pouvoir aient des idées nouvelles à y apporter, et que, par des études plus profondes, ils aient découvert le secret des solutions depuis longtemps cherchées.

» Si leur ambition n'a pour objet que de contenter une vanité stérile, une rancune de parti, elle n'est que méprisable.

» Sous ce rapport aucune époque ne sera plus instructive que celle-ci,

» Dans aucun temps, en effet, on ne vit le pouvoir en butte aux entreprises de camarillas plus étroites; jamais on ne vit plus d'hommes médiocres arriver tout à coup des positions les plus modestes aux plus hautes charges de l'État. Qu'en résulte-t-il? Rien! puisqu'au milieu de ces perpétuels changements les idées vicieuses sur lesquelles repose la constitution gouvernementale restent invariables. Un parti succède à un autre parti. Aujourd'hui ceux de la veille, plus tard ceux du lendemain, qu'importe! c'est toujours la même lenteur, la même routine, la même impuissance. Aucune idée d'ensemble, aucune persistance dans les pensées politiques : sous des apparences trompeuses c'est l'anarchie la plus profonde.

» Quand donc comprendra-t-on que gouverner une société telle que la nôtre c'est résoudre un véritable problème scientifique, en s'appuyant sur l'observation, sur l'étude des faits, en étudiant les rapports des divers éléments économiques qui composent cette même société.

» S'imaginer que le pouvoir doit devenir nécessairement l'apanage d'un parti violent et vainqueur, quelque stériles d'ailleurs que soient les idées, quelque incapables que soient les hommes, c'est méconnaître profondément tout ce qu'il y a de nouveau, de progressif, de pacifique et de fécond dans l'époque actuelle.

» Aujourd'hui, il ne s'agit pas de détruire comme en 93, mais d'édifier. Au milieu d'une société calme, améliorer patiemment par l'instruction, par la moralité, par le bien-être matériel le sort de tous ceux qui souffrent, de tous ceux qui ont froid et faim, voilà tout le problème politique. Où chercherez-vous la solution, si ce n'est dans la science, dans l'étude, dans l'expérience? Toute violence ne fait que reculer le but, toute exclusion passionnée n'a d'autre effet que de limiter le champ dans lequel il est possible de découvrir cette solution même. Qu'importe d'où vous veniez, si vous avez une idée bonne, juste, raisonnable? Il suffit, le pouvoir saura en faire son profit. Quand un esprit puissant, novateur, pareil à ces éclats de lumière qui brillent dans la nuit, jette dans le monde industriel et scientifique une idée nouvelle, s'inquiète-t-on par quelles voies il a été conduit au but? ce qu'il pensait la veille, ce qu'il pensera le lendemain? Non ! si l'idée est féconde, elle trace sa route ; si elle est stérile, personne n'y pense plus.

» S'il est une société dans laquelle il soit nécessaire d'élever la politique à la hauteur, à l'indépendance de la science, et de depouiller l'idée vraie des passions haineuses, étroites et vulgaires qui l'étouffent, c'est à coup sûr dans une démocratie pure, dans un pays tel que la France, où une instruction purement libérale, une convoitise universelle pour les fonctions publiques surexcitent toutes les ambitions, société où personne ne veut rester à sa place, et qu'on pourrait justement comparer à ces vastes plaines de sable sur lesquelles un vent impétueux soulève sans cesse d'imperceptibles atômes pour les rouler sur eux-mêmes en spirales infinies. Aussi, aucune moisson ne germe sur ce sol stérile ! Les idées n'y laissent pas plus de trace que les pas du voyageur égaré.

» Je vous disais tout à l'heure que, dans l'organisation matérielle du pouvoir nouveau, un système complet de lignes télégraphiques mettrait à chaque instant le siége du gouvernement exécutif en communication instantanée avec tous les chefs-lieux de département,

» Il importe de donner quelques détails à cet égard.

» Dans ces dernières années, pendant que la télégraphie électrique faisait de prodigieux progrès en Angleterre et aux États-Unis, et s'emparait du monde industriel, elle restait chez nous à peu près stationnaire et complétement étrangère aux transactions privées. L'ordonnance du 23 novembre 1844, qui ouvre au ministère de l'intérieur un crédit de 240,000 francs pour l'établissement d'un télégraphe électrique de Paris à Rouen, la loi du 10 juillet 1846, qui alloue une somme de 489,650 francs pour la ligne de Paris à Lille et à la frontière de Belgique, ainsi que de Douai à Valenciennes; tels sont, si je ne me trompe, les deux seuls actes du pouvoir (1).

(1) Le crédit de 489,650 f. se partageait, d'après l'exposé des motifs, de la manière suivante :

Ligne de Paris à Lille. . . . . 381,150 fr.

En outre, quelques autres chemins : ceux de Paris à Versailles et à Saint-Germain, de Paris à Orléans, sont aujourd'hui bordés de télégraphes électriques, mais uniquement destinés à l'exploitation et à l'expédition des dépêches gouvernementales.

» En Angleterre, le télégraphe électrique n'est devenu l'objet d'une disposition législative qu'en 1842, et déjà il rayonne dans toutes les directions, il est d'un usage journalier (1).

Ligne de Lille à la frontière.	21,000 fr.
Ligne de Douai à Valenciennes.	60,000 fr.
Travaux pour faire arriver cette ligne au ministère de l'intérieur.	27,500
Total égal.	489,650 fr.

De Paris à Lille, la voie de fer a 272,150 mètres; ce qui portait à 1,400 fr. par kilomètre les frais d'établissement. Les travaux, comme sur la ligne de Paris à Rouen, ont été exécutés par la compagnie concessionnaire sous la surveillance de l'État.

(1) De Londres à Édimbourg, il y a plus de 250 milles anglais. Les dépêches parcourent d'un seul bond

Aux États-Unis, l'acte du congrès qui statue définitivement sur le système de Morse, est du 3 mars 1843, et à la fin de 1847 ce pays possédait déjà 1,700 milles de lignes télégraphiques à l'usage du public.

» Ici la routine, l'immobilité, une défiance étroite, là bas, l'activité, le jeu libre et fécond de toutes les intelligences.

» Si les principales lignes de nos chemins de fer étaient entièrement achevées, il y aurait 42 chefs-lieux de départements desservis directement par les télégraphes établis longitudinalement à ces rail-ways (1).

cette distance nuit et jour. On connaît d'ailleurs l'organisation de la compagnie qui a établi des relations électriques entre toutes les villes importantes de la Grande-Bretagne, et qui étend sans cesse son réseau.

(1) Ces chefs-lieux sont, Paris, Rouen, Amiens, Arras, Lille, Versailles, Chartres, Le Mans, Laval, Rennes, Châlons, Bar-le-Duc, Nancy, Strasbourg, Colmar, Troyes, Auxerre, Dijon, Mâcon, Lyon, Valence, Avignon,

» 9 chefs-lieux desservis par des embranchements télégraphiques de peu de longueur (1).

» Enfin, 54 chefs-lieux non desservis pour lesquels il faudrait, soit attendre la construction de nouveaux rail-ways, soit établir des lignes électriques spéciales et indépendantes (2).

» Les villes de ce dernier groupe sont situées dans les régions peu accessibles aux

Marseille, Nîmes, Montpellier, Carcassonne, Toulouse, Agen, Orléans, Blois, Tours, Angers, Nantes, Poitiers, Angoulême, Bordeaux, Moulins, Montbrison, Bourges, Nevers, Châteauroux, Limoges.

(1) Tels que Evreux, Beauvais, Alençon, Metz, Grenoble, Privas, Clermont, Moulins, Guéret.

(2) Ce sont Caen, Saint-Lô, Laon, Chaumont, Épinal, Mézières, Gap, Digne, Draguignan, Aurillac, Mende, Tulle, Périgueux, Rodez, Cahors, Alby, le Puy, Auch, Mont-de-Marsan, Foy, Perpignan, Tarbes, Pau, Vannes, Quimper, St.-Brieuc, Niort, Bourbon-Vendée, La Rochelle, Lons-le-Saulnier, Bourg, Besançon, Vesoul.

voies de communications perfectionnées, et on peut les partager ainsi : huit dans la région centrale ou des Cévennes ; six dans la région des Pyrénées ; sept dans celle des Alpes ; quatre dans celle des Vosges ; enfin huit sur le littoral de la Manche ou de l'Océan.

» Il serait facile, à l'aide d'une faible dépense, de jeter à travers ces régions des lignes télégraphiques indépendantes des chemins de fer. Ces lignes compléteraient le système et permettraient une promptitude merveilleuse de communication sur toute l'étendue du pays. La dépense totale ne s'élèverait certainement pas au-delà de 4 à 5 millions. Elle serait, dans tous les cas, inférieure à la somme absorbée par cette colossale folie des ateliers nationaux.

» Gratter la terre stérilement et dépenser pour cela des millions, c'est la plus haute expression de la routine et de l'ignorance gouvernementales.

» Je ne connais rien de plus révolutionnaire que l'imprimerie, les chemins de fer,
les télégraphes électriques, l'ensemble de
toutes les conquêtes de l'esprit, et, au-dessus
de tout cela, cette science et cette force du
pouvoir qui résume les tendances des sociétés
modernes pour leur donner le plus large développement.

» Dieu assigne à toutes les grandes découvertes humaines une mission fatale :

» Une centralisation politique perfection-
née ;

» L'unité profonde des races ;

» La fédération pacifique des peuples de
l'Europe.

» Une nouvelle science gouvernementale ;

» La débâcle de la vieille politique révolutionnaire.

» Tels seront les résultats des chemins de

fer, des télégraphes électriques, des conquêtes de l'industrie et de la science moderne.

» Autrefois la poudre à canon, l'imprimerie, la boussole n'ont-elles pas tué le vieux
monde ?

» Nous sommes à une époque de transition
de doute et d'enfantement; de là les nuages
qui couvrent encore les destinées nouvelles
et le culte que l'on conserve pour les vieilles
idées.

ASSOCIATION

POUR

LA RÉFORME ADMINISTRATIVE.

———

Une association vient de se former sous ce nom à Strasbourg.

Le comité, composé d'hommes éminents et recommandables, a adressé au président de l'Assemblée nationnale la pétition suivante :

« Strasbourg, 6 février.

A L'ASSEMBLÉE NATIONALE.

» Depuis longtemps, le besoin d'une *Ré=*

forme administrative s'est fait sentir sur toutes les parties de la France ; elle est réclamée à grands cris, dans les départements, sans distinction d'opinion ; elle répond à la nécessité de notre nouvelle organisation politique ; elle sera l'un des compléments indispensables des droits conquis par la nation, le développement de ses libertés.

» La réforme administrative se présente surtout avec le caractère de haute urgence qui résulte de la permanence de la crise et comme un remède à l'énormité des charges qui pèsent sur le pays et qui absorbent toutes ses ressources, toutes ses facultés physiques et morales.

» Six cent millions de déficit accusés par le ministre des finances, avec un budget des recettes menacé des plus cruelles déceptions par suite de la stagnation prolongée de l'industrie et de l'amoindrissement de la consom-

mation, sont l'épouvante du présent et de l'a-
venir, et appellent les mesures les plus éner-
giques.

» Le plan de *Réforme administrative* qui
nous a paru le plus judicieux, le mieux conçu,
le plus approprié à notre situation, le plus
capable de réaliser de notables économies,
de fortifier le pouvoir, de mettre les ministres à même de bien étudier les besoins de la
France, de gérer ses intérêts avec grandeur,
stabilité et constance, et qui, pour ces divers
motifs, a conquis de nombreuses sympathies,
est celui qui a été remis, le 14 décembre dernier, au président de la République, et publié
dans le journal la *Presse* du 21 du même
mois.

» Nous en sollicitons l'application immédiate au budget qui reste à voter pour 1849.

» Messieurs les Représentants, le premier
budget de la République doit être un budget

normal par excellence : il doit réaliser la devise : *Le gouvernement à bon marché;* il doit rompre avec les traditions des trente dernières années, célèbres par les dilapidations et les gaspillages; il doit trancher dans le vif, être inexorable pour les sinécures; il doit, enfin, ménager le denier du pauvre, le denier du travailleur.

» Un budget voté dans cet esprit sera, après la Constitution que vous avez votée, votre ouvrage le plus fructueux, le plus fécond en résultats utiles.

» Vous êtes en droit d'ordonner les *économies*. Il les faut larges, profondes et radicales.

» Par les réductions du budget, vous établissez le crédit, vous rendez la confiance au pays, vous faites renaître l'activité du commerce, vous ranimez le mouvement dans le corps social tout entier; vous lui préparez un avenir de bonheur et de prospérité; enfin, vous empêchez le retour des régimes déchus.

» La France, Messieurs les Représentants, vous doit la proclamation des grands principes qui ont élargi nos droits politiques. Complétez votre œuvre en nous débarrassant des liens d'une bureaucratie et d'une centralisation tellement exagérées, qu'elles sont en désharmonie avec nos institutions démocratiques. Délivrez-nous d'un système dans lequel les intérêts locaux sont garottés sans utilité aucune, d'un système financier qui nous dévore, d'un système non moins dangereux par l'attraction désordonnée de la capitale, que par l'usage qu'en ont fait les factions contre l'ordre et la liberté.

» Salut et fraternité.

» L'ASSOCIATION POUR LA RÉFORME ADMINISTRATIVE. »

Appel à tous les Départements.

———

« Notre conviction intime est que l'avenir de notre pays est attaché à une réforme administrative radicale, et, à l'effet d'en poursuivre avec persévérance la prompte réalisation, nous nous sommes constitués en association.

» Obtenir la stabilité dans le pouvoir et une organisation des attributions ministérielles, telle que l'abus soit détruit et que toute bonne idée, toute innovation utile puisse se faire jour et recevoir son application immédiate, voilà le but qu'il faut poursuivre avec énergie.

» *Réforme administrative!* tel est le cri qui doit s'élever d'un bout de la France à l'autre,

» Tous les hommes éclairés, amis de leur pays, doivent prêter leur concours à cette œuvre de régénération ; et nous aimons à penser que cet appel ne leur sera pas fait en vain.

» Le moyen d'atteindre sûrement le but dont il s'agit, celui que nous proposons, est d'envoyer à l'Assemblée législative des hommes partisans décidés de cette réforme.

» Salut et fraternité.

» *Pour l'association pour la Réforme administrative,*

» LE COMITÉ,

» G. BERGMANN, membre de la chambre de commerce ;

» L. F. EHRMANN, membre du conseil municipal et de la chambre de commerce ;

» F. D. HEIM, négociant, membre du conseil municipal ;

» J. PREIS, membre du conseil municipal et de la chambre de commerce ;

» JOS. IMBS, fabricant ;

» LÉON PICARD, fabricant ;

» SPINDLER, secrétaire de la chambre de commerce.

» *P.-S.* Adresser toutes les communications à faire, *franc de port*, au Comité de la *Réforme administrative*, à Strasbourg. »

Paris. — Imprimerie de E. MARC-AUREL, 20, rue Richer.

www.ingramcontent.com/pod-product-compliance
Lightning Source LLC
Chambersburg PA
CBHW061258060726
47596CB00002B/648